Ein Kinderwagen im Stall von Bethlehem –
Blasphemie oder Symbol?
Als HAP Grieshaber den Holzschnitt schuf,
der dann zum Titelbild dieses Buches geworden ist,
dachte er an jenen Kinderwagen,
der 1977 bei den terroristischen Morden in Köln
die Straße versperrte.
Die Gedanken des Künstlers galten dabei
ganz den Menschen, die vor dem Zeichen
kindlicher Machtlosigkeit
spontan ihr Auto angehalten hatten
und diese Reaktion der Menschlichkeit
mit dem Leben bezahlen mußten.
Solches Innehalten vor einem Symbol der Kindlichkeit
und der Gewaltlosigkeit
kann bedeuten, daß Menschen verstehen,
was Jesus von Nazareth gemeint hat:
„Wer nicht das Reich Gottes annimmt wie ein Kind,
der wird nicht hineinkommen."
Das vorliegende Buch will in Bild und Text
zum Innewerden dieser Botschaft einladen.

HAP GRIESHABER WALTER JENS

Jesus von Nazareth

KREUZ VERLAG

Sein Licht,
aufgehend wie die Sonne am Himmel,
hat uns berührt.
Es leuchtet auch denen,
die in der Dunkelheit sind
oder im Schatten des Todes,
und lenkt unsere Schritte
zum Frieden.

Gott sandte den Engel Gabriel in eine Stadt Galiläas,
die Nazareth heißt.
Dort lebte ein Mädchen, Maria,
die mit Joseph, aus dem Haus Davids, verlobt war.
Der Engel trat ein und sagte zu ihr:
„Sei gegrüßt, du bist gesegnet, Gott ist mit dir."
Maria aber erschrak über die Anrede und wußte nicht,
was dieser Gruß bedeutete.
Da sagte der Engel: „Fürchte dich nicht, Maria,
Gott ist dir gnädig.
Du wirst schwanger werden und einen Sohn gebären,
den du Jesus nennen sollst: Sohn des Höchsten!
Groß auf Davids väterlichem Thron,
den Gott der Herr ihm gab!
Herrscher über Jakobs Haus,
König in Ewigkeit:
Ohne Ende ist seine Herrschaft."

Aber Maria sagte zum Engel:
„Wie kann dies geschehen?
Ich bin mit keinem Mann zusammengewesen!"

Der Engel antwortete ihr:
„Der Heilige Geist wird dich überkommen,
die Höchste Macht wird dich überschatten,
das Kind wird heilig sein.
Dein Kind ist Gottes Sohn.
Auch Elisabeth, deine Verwandte,
hat ein Kind empfangen und trägt es – in ihrem Alter! –
schon sechs Monate lang,
obwohl sie als unfruchtbar galt.
Aber für Gott ist nichts unmöglich:
was er sagt, gilt!"
„Ich bin die Dienerin des Herrn", sagte Maria,
„es geschehe, was du gesagt hast. Ich bin bereit."
Da verließ sie der Engel.

Bald darauf machte sich Maria auf den Weg
und ging in eine Stadt im Bergland Judäas:
Dort, in Zacharias' Haus,
begrüßte sie Elisabeth.
Als Elisabeth Marias Gruß hörte,
begann sich das Kind in ihrem Leib zu bewegen:
es hüpfte,
und Elisabeth wurde vom Heiligen Geist ergriffen;
ihre Stimme war laut, als sie rief:

„Du bist gesegnet –
unter allen Frauen auserwählt! –
und gesegnet ist das Kind in deinem Leib!
Wer bin ich, daß die Mutter meines Herrn
gerade zu mir kommt?
Als ich deinen Gruß hörte,
hüpfte das Kind in meinem Leib:
Es freute sich.
Du bist glücklich, denn du vertraust darauf,
daß sich die Worte erfüllen,
die der Herr dir gesagt hat."

Maria antwortete ihr:

„Meine Seele preist Gott: Er ist groß.
Mein Geist frohlockt: Gott ist mein Retter.
Mich, die niedrige Magd, hat er gesehen!
‚Die Glückliche' werde ich heißen: von nun an,
bei allen Völkern,
denn Großes hat der Mächtige mir angetan.
Sein Name ist heilig.
Sein Erbarmen gilt allen,
von Geschlecht zu Geschlecht, die ihn fürchten.
Sein Arm ist stark.
Ein Schnitter, der die Spreu zerstreut:
so zerstreut er die Stolzen,
die hochmütig sind in ihrem Herzen.
Die Mächtigen stößt er vom Thron.
Die Niedrigen hebt er empor und richtet sie auf.

Die Hungrigen sättigt er doppelt,
die Reichen schickt er mit leeren Händen davon.
Israels, seines Knechts, nimmt er sich an
und ist barmherzig:
wie er unseren Vätern, für immer, versprach,
Abraham und seinen Kindern barmherzig zu sein."

Drei Monate blieb Maria bei Elisabeth,
dann kehrte sie nach Hause zurück.

Für Elisabeth aber kam der Tag der Niederkunft,
und sie gebar einen Sohn.
Als ihre Nachbarn und Verwandten hörten,
wie gnädig und barmherzig
Gott zu ihr gewesen war,
freuten sie sich mit ihr
und kamen am achten Tag zur Beschneidung,
um das Kind, nach seinem Vater,
Zacharias zu nennen.
Elisabeth aber widersprach ihnen:
„Nein", sagte sie,
„er soll Johannes heißen."
„Doch es gibt keinen in deiner Verwandtschaft",
sagten die Nachbarn, „der so genannt wird",
und fragten, in der Zeichensprache, den Vater,
wie er seinen Sohn genannt haben wolle.
Der Vater verlangte ein Schreibtäfelchen
und schrieb darauf die Worte –
sie sahen es staunend –:
„Sein Name ist Johannes."

Im gleichen Augenblick
öffnete sich plötzlich sein Mund,
die Zunge bewegte sich, er konnte reden
und begann, Gott zu loben.
Da erschraken die Nachbarn,
Furcht breitete sich aus,
die Berichte von dem Ereignis
wurden im ganzen Bergland Judäas weitererzählt,
und alle, die davon hörten,
nahmen es sich zu Herzen und sagten:
„Auf diesem Kind hat Gottes Hand geruht:
Was mag aus ihm werden?"
Sein Vater Zacharias aber
wurde vom Heiligen Geist ergriffen
und sprach in prophetischer Rede:

„Der Herr sei gepriesen, Israels Gott!
Er hat sein Volk besucht und es befreit:
Ins Haus seines Knechts David
hat er den Retter gesandt,
der stark wie ein Widderhorn ist.
Verkündet hat er, von Urzeiten an,
durch den heiligen Mund der Propheten:

Ich werde euch retten vor euren Feinden.
Ich werde euch retten,
wenn ihr Haß nach euch greift.
Ich werde mich eurer Väter erbarmen
und den heiligen Schwur nicht vergessen,
den ich Abraham schwor, eurem Vater:
euch aus der Hand der Feinde zu retten,
damit ihr mir dient, ohne Furcht,
in Frömmigkeit und in Gerechtigkeit,
ein Leben lang vor meinem Angesicht.
Du aber, Kind, sollst Prophet des Höchsten genannt sein,
weil du dem Herrn vorausgehen wirst,
um ihm die Wege zu ebnen
und seinem Volk zu verkünden:
Es gibt Rettung,
die Schuld wird vergeben, Gott ist barmherzig.
Sein Licht,
aufgehend wie die Sonne am Himmel,
hat uns berührt.
Es leuchtet auch denen,
die in der Dunkelheit sind
oder im Schatten des Todes
und lenkt unsere Schritte zum Frieden."

In jenen Tagen befahl Kaiser Augustus
allen Einwohnern des Reichs,
sich in Steuerlisten eintragen zu lassen.
Es war die erste Volkszählung;
sie wurde durchgeführt,
als Quirinius Statthalter in Syrien war –
und alle brachen auf,
um sich eintragen zu lassen:
jeder ging in seine Heimatstadt.
Auch Joseph zog von Galiläa,
aus der Stadt Nazareth, nach Judäa hinauf,
in die Stadt Davids, die Bethlehem heißt;
denn er stammte aus Davids Haus
und wollte sich eintragen lassen:
zusammen mit Maria, die seine Braut war
und ein Kind erwartete.
Als sie in Bethlehem waren,
kam für sie die Zeit der Niederkunft,
und sie gebar ihren ersten Sohn,
wickelte ihn in Windeln
und legte ihn in eine Krippe im Stall.
Denn im Haus war keine Bleibe für sie.

In ihrer Nähe aber waren in dieser Nacht
Hirten auf dem Feld
und hielten Wache bei ihren Herden:
Da stand auf einmal ein Engel des Herrn neben ihnen,
und die Hirten ängstigten sich sehr.
Aber der Engel sagte zu ihnen: „Habt keine Furcht!
Seht, ich verkündige euch,
daß eine große Freude
bald das ganze Volk ergreifen wird;
denn heute wurde euch in der Stadt Davids
der Retter geboren: euer Herr, der Messias.
Und dies ist das Zeichen für euch:
Ihr werdet ein Kind finden,
das in Windeln gewickelt in einer Krippe liegt.“

Plötzlich standen neben dem Engel
die Scharen des himmlischen Heers;
sie priesen Gott und riefen:
„In den Himmeln: Gottes Macht!
Licht!
Und Herrlichkeit!
Auf der Erde: Gottes Frieden!
Frieden allen, die er liebt!“

Als die Engel sie verlassen hatten
und in den Himmel zurückgekehrt waren,
sagten die Hirten zueinander:
„Kommt, wir wollen nach Bethlehem gehen,
um das Ereignis zu sehen,
das der Herr geweissagt hat",
und sie brachen auf, in der Nacht,
und fanden Maria und Joseph und das Kind,
das in der Krippe lag.

Als sie es sahen, erzählten sie,
was ihnen von diesem Kind gesagt worden war,
und die Menschen, die es hörten,
staunten über die Worte der Hirten.
Maria aber behielt sie im Herzen
und bedachte alles, was geschehen war.
Die Hirten kehrten zurück,
priesen Gott und dankten ihm;
denn sie hatten gehört und gesehen:
Es ist alles, wie uns gesagt worden ist.

Eines Tages kamen Sterndeuter aus dem Osten
in die Stadt Jerusalem
und fragten nach dem neugeborenen König der Juden:
„Wir haben gesehen, wie sein Stern aufging,
im Osten, und sind gekommen,
um vor ihm niederzuknien und ihn anzubeten."
Als der König Herodes das hörte, erschrak er
– und mit ihm ganz Jerusalem –,
ließ alle Großen Priester
und Schriftausleger zusammenkommen und fragte sie:
„Wo soll der Messias geboren werden?"
Sie antworteten ihm:
„In Bethlehem, im Lande Judäa.
Denn der Prophet hat gesagt:

Du, Bethlehem, Land Juda,
gewiß nicht die kleinste bist du
unter den Fürstenstädten von Juda,
denn aus dir wird der Herrscher kommen,
der Hirte meines Volkes Israel."

23

Darauf rief Herodes die Sterndeuter heimlich zu sich,
ließ sie genau bestimmen,
wann das Gestirn erschienen war,
und schickte sie nach Bethlehem:
„Geht", sagte er, „stellt sorgfältig Nachforschungen an,
und wenn ihr das Kind gefunden habt,
gebt mir Bescheid, damit auch ich es anbeten kann."
Nach diesen Worten des Königs
machten sich die Sterndeuter auf den Weg,
und das Gestirn, das sie im Osten hatten aufgehen sehen,
zog vor ihnen her, bis es sein Ziel erreicht hatte
und stehen blieb, hoch über dem Ort, wo das Kind war.

Als die Männer den Stern sahen,
überkam sie große Freude; sie gingen ins Haus,
erblickten das Kind mit Maria, seiner Mutter,
fielen nieder und beteten es an.
Dann öffneten sie die Kästen,
in denen sie die Schätze aufbewahrt hatten,
und brachten ihm ihre Geschenke:
Gold und Weihrauch und Myrrhe.
Danach zogen sie auf einem anderen Weg heim in ihr Land;

denn sie hatten im Traum die Weisung erhalten,
nicht zu Herodes zurückzukehren.
Als die Sterndeuter fortgezogen waren,
erschien Joseph im Traum ein Engel des Herrn
und sagte zu ihm:
„Steh auf, nimm das Kind und seine Mutter
und flieh nach Ägypten.
Dort bleibe so lange, bis ich dir sage,
daß du heimkehren darfst.
Denn Herodes wird dein Kind suchen, um es zu töten."
Da stand Joseph auf und floh, noch in der Nacht,
mit dem Kind und der Mutter nach Ägypten.
Dort blieb er bis zum Tod des Herodes,
damit das Wort in Erfüllung ging,
das der Herr durch seinen Propheten gesagt hat:
Aus Ägypten habe ich meinen Sohn gerufen.

Als Herodes merkte, daß die Sterndeuter
ihn hintergangen hatten, wurde er zornig
und ließ in Bethlehem und der ganzen Umgebung
alle Knaben bis zum Alter von zwei Jahren ermorden:
das entsprach dem Zeitpunkt,
den er bei der Befragung der Sterndeuter
ausgemacht hatte.

25

So ging das Wort in Erfüllung,
das der Prophet Jeremias gesagt hat:

Sie hörten eine Stimme in Rama.
Sie hörten Klagen, überall, Jammern und Geschrei.
Rachel weinte um ihre Kinder
und ließ sich nicht trösten:
Tot waren sie.

Als Herodes gestorben war,
erschien Joseph, in Ägypten, ein Engel im Traum
und sagte zu ihm:
„Steh auf und zieh mit dem Kind und seiner Mutter
in das Land Israel.
Denn die Feinde, die das Kind töten wollten,
leben nicht mehr."
Da stand Joseph auf
und zog mit dem Kind und der Mutter heim nach Israel.
Als er aber hörte, daß Archelaos
anstelle seines Vaters Herodes in Judäa regierte,
fürchtete er sich, dorthin zu gehen,
und zog, auf eine Weisung im Traum hin, nach Galiläa.
Dort ließ er sich in der Stadt Nazareth nieder.
So wurde das Wort der Propheten erfüllt:
„Nazarener" wird man ihn nennen.

Jesus zog durch alle Städte und Dörfer,
lehrte im Bethaus,
verkündete die Botschaft vom Reich Gottes,
heilte Leiden und machte die Kranken gesund.
Viele Menschen folgten ihm,
und er hatte Mitleid mit ihnen:
denn sie waren müde und zerschunden
und lagen am Boden
wie die Schafe, denen der Hirt fehlt.
Da sagte er zu seinen Schülern:

„Die Ernte ist groß,
doch es sind keine Arbeiter da.
Bittet den Herrn der Ernte:
Schick uns Männer,
damit sie die Ernte einbringen können."

Dann rief er seine zwölf Schüler zu sich
und gab ihnen die Große Macht:
die Geister auszutreiben
und Krankheit und Leid zu heilen.

Dies sind die Namen der zwölf Apostel:
Zuerst Simon, der Petrus genannt wird,
und sein Bruder Andreas;
dann Jakobus, der Sohn des Zebedäus,
und sein Bruder Johannes;
dann Philippus und Bartholomäus;
dann Thomas und der Zöllner Matthäus;
dann Jakobus, der Sohn des Alphäus, und Thaddäus;
dann Simon aus Kanaan und Judas Iskarioth:
Der hat ihn verraten.
Diese zwölf sandte Jesus aus und gab ihnen die Weisung:

„Geht nicht den Weg zu den Heiden.
Geht nicht in Samariens Städte.
Geht zu den verlorenen Schafen aus Israels Haus.
Geht und verkündet: Nah ist das Reich der Himmel.

Heilt die Kranken,
Weckt die Toten auf,
Reinigt die Aussätzigen,
Jagt die Geister davon!

Und gebt umsonst: wie ihr umsonst genommen habt!
Eure Tasche sei leer:
kein Gold, kein Silber, kein Kupfer darin!
Nehmt keinen Ranzen mit auf den Weg,
keinen zweiten Rock, keinen Stab:
Wer arbeitet, erhält, was er braucht.

Fragt, wenn ihr in eine Stadt kommt oder in ein Dorf:
Wer ist würdig, uns zu bewirten?
Dort sollt ihr bleiben, bis ihr weiterzieht.
Sagt: ‚Friede‘, wenn ihr ins Haus kommt.
Euer Friede kehre ein im Haus,
wenn das Haus ihn verdient.
Wenn aber nicht:
kehre der Friede zu euch zurück.
Geht fort aus dem Haus,
das euch nicht aufnehmen will!
Geht fort aus der Stadt,
die euch nicht anhören mag!

Schüttelt den Staub
von den Füßen!
Laßt ihn zurück!
Ich sage euch
und das ist wahr:
Besser wird es am Tag des Gerichts
selbst dem Land Sodom ergehen
und dem Lande Gomorrha
als dieser Stadt!

Ihr seid Schafe,
und ich schicke euch unter die Wölfe.
Da müßt ihr klug sein,
klug wie die Schlangen,
und ohne Schuld
wie die Tauben.

Nehmt euch in acht vor den Menschen!
Sie liefern euch aus;
im Bethaus
halten die Priester Gericht
mit der Peitsche.
Sie überantworten euch
den Statthaltern und Königen:
euch, meine Zeugen, den Heiden.

Habt keine Furcht!
Fragt nicht:
Was soll ich sagen?
Wie muß ich sprechen?
Euch wird gegeben,
wenn die Stunde kommt,
wie ihr zu sprechen habt.
Dann seid nicht ihr es,
die reden:
Es redet,
Anhauch und Stimme,
in euch
der Geist eures Vaters.
Der spricht.

Ausliefern wird der Bruder den Bruder
und ihn hinrichten lassen.
Ausliefern wird der Vater den Sohn
und ihn hinrichten lassen.
Aufstehen werden die Kinder gegen die Eltern
und sie umbringen lassen.
Ihr aber werdet verhaßt sein,
denn ihr tragt meinen Namen:
Doch ist gerettet,
wer ausharrt und standhaft bleibt bis zum Ende.

Flieht, wenn man euch in einer Stadt verfolgt,
in eine andere Stadt!
Ich sage euch, und das ist wahr:
Erscheinen wird der Menschensohn
bevor ihr alle Städte Israels durchzogen habt.
Kein Schüler steht über dem Lehrer,
kein Sklave über dem Herrn.
Genug, daß es dem Schüler ergeht
wie dem Lehrer
und dem Sklaven wie seinem Herrn.
Das Los der Großen
teilen die Kleinen:
Wer schon zum Vater ‚Satan' sagt –
wie wird der die Kinder beschimpfen, im Haus!

Nein, fürchtet sie nicht!
Entdeckt werden wird:
das Versteck.
Erkannt werden wird:
das Geheimnis.
Was ich in der Dunkelheit sage, zu euch,
sagt es am hellen Tag,
und schreit,
was euch ins Ohr geflüstert wird,
herab von den Dächern!

Fürchtet euch nicht vor den Menschen.
Sie töten den Leib.
Aber die Seele töten können sie nicht.
Der aber Seele und Leib vernichten kann in der Hölle:
den sollt ihr fürchten.

Es stürzt kein Spatz auf die Erde herab,
wenn euer Vater nicht will:
Und zwei Spatzen
kauft man für einen einzigen Pfennig!
Ihr aber seid mehr wert
als alle Spatzen zusammen!
Was soll euch geschehen,
da selbst die Haare gezählt sind
auf eurem Haupt?
Nein, fürchtet euch nicht!

Wer sich zu mir bekennt
vor den Menschen,
zu dem will auch ich mich bekennen
in den Himmeln vor meinem Vater.
Wer mich aber verleugnet
vor den Menschen,
den will auch ich verleugnen
in den Himmeln vor meinem Vater.

Glaubt nicht,
ich sei gekommen,
um Frieden auf die Erde zu bringen.
Ich bin nicht gekommen,
um Frieden zu bringen.
Ich bin mit dem Messer gekommen.
Ich bin gekommen,
um zu entzweien:
Vater und Sohn,
Tochter und Mutter,
Schwiegertochter und Schwiegermutter.
Ich bin gekommen,
um Feindschaft zu stiften im Haus.
Wer Vater und Mutter
mehr liebt als mich,
gehört nicht zu mir,
Wer Sohn und Tochter
mehr liebt als mich,
gehört nicht zu mir.
Wer nicht den Balken auf sich nimmt,
an dem man ihn kreuzigen wird,
gehört nicht zu mir.

Wer sein Leben gewinnen will,
wird es verlieren,
doch wer es, um meinetwillen, verliert,
wird es gewinnen.
Wer euch aufnimmt,
nimmt mich auf.
Wer mich aufnimmt,
nimmt den auf, der mich gesandt hat.
Wer einen Propheten aufnimmt,
weil er ein Prophet ist,
wird belohnt werden wie ein Prophet.
Wer einen Gerechten aufnimmt,
weil er gerecht ist,
wird belohnt werden wie ein Gerechter.
Wer einem dieser Geringsten,
die zu mir gehören,
einen Becher frischen Wassers reicht,
ich sage euch, und das ist wahr:
Wer einem armen Mann zu trinken gibt,
der erhält seinen Lohn."

Dies waren die Worte, die Jesus gesagt hat;
dies war die Unterweisung seiner zwölf Schüler.
Danach zog er weiter, um in den Städten zu lehren
und die Botschaft zu verkünden.

In dieser Zeit hörte der Tetrarch Herodes,
was man sich im Volk über Jesus erzählte.
„Das ist Johannes der Täufer", sagte er,
als er die Gerüchte vernahm,
„Johannes ist von den Toten auferweckt worden:
darum kann er Wunder vollbringen."
Denn Herodes hatte Johannes verhaften lassen
und ihn in Ketten ins Gefängnis geworfen,
weil er Herodias liebte,
die Frau seines Bruders Philippus,
und weil Johannes zu ihm gesagt hatte:
„Du darfst sie nicht haben:
sie wird nicht deine Frau sein!"
Darum hätte er ihn am liebsten hinrichten lassen,
aber er fürchtete sich vor dem Volk;
denn das Volk hielt Johannes für einen Propheten.

Doch dann kam das Geburtstagsfest des Herodes,
Herodias' Tochter tanzte mitten unter den Gästen
und gefiel dem Herodes so sehr,
daß er ihr feierlich schwur:
„Ich werde dir geben, was du dir wünschst."

Da sagte sie – Herodias stand hinter ihr –:
„Gib mir, auf einer Schale,
den Kopf Johannes des Täufers und bring ihn hierher!"
Da überkam den König große Trauer;
aber weil er vor allen Gästen geschworen hatte,
befahl er, ihr den Kopf zu bringen,
schickte Soldaten aus
und ließ Johannes im Gefängnis enthaupten.
Dann wurde der Kopf auf einer Schale gebracht
und dem Mädchen gegeben,
und das Mädchen brachte ihn zu seiner Mutter.
Die Schüler aber trugen den Leichnam fort
und bestatteten ihn.
Dann gingen sie zu Jesus und erzählten ihm alles.

Als Jesus das hörte, brach er auf
und kam mit dem Boot in eine Gegend,
die unbewohnt war: er ganz allein.
Aber die Menschen erfuhren davon, verließen die Städte
und folgten ihm in die Einsamkeit.

Als das Boot das Ufer erreichte
und Jesus die Menge gewahrte, die vielen Menschen,
hatte er Mitleid mit dem Volk
und machte die Kranken unter ihnen gesund.
Am Abend kamen die Schüler zu ihm:
„Die Gegend ist einsam", sagten sie,
„der Tag schon vorgerückt.
Laß die Leute nun gehen,
damit sie in den Dörfern Brot kaufen können."
Jesus antwortete ihnen:
„Es braucht niemand zu gehen;
gebt ihnen selber zu essen!"
„Aber wir haben nur noch fünf Brote und zwei Fische."
„Dann bringt sie mir", sagte Jesus
und befahl den Menschen, sich ins Gras zu setzen.
Dann nahm er die fünf Brote und die zwei Fische,
blickte zum Himmel, sprach den Segen,
brach die Brote und gab sie den Schülern;
und die Schüler verteilten sie unter die Menschen.
Alle aßen, alle wurden satt;
und als man die Brotstücke einsammelte,
die übriggeblieben waren, füllten sie noch zwölf Körbe.
Fünftausend Männer hatten zu essen bekommen:
dazu noch Frauen und Kinder.

Danach ließ er seine Schüler ins Boot steigen:
„Fahrt mir voraus zum anderen Ufer.
Ich werde inzwischen die Menschen fortschicken."
Dann stieg er auf einen Berg,
die Menschen hatten ihn wieder verlassen,
und betete in der Einsamkeit.

Es wurde Abend,
und als die Dunkelheit kam, war er noch immer allein,
während das Schiff schon weit vom Ufer entfernt war:
es fuhr gegen den Wind,
und hatte mit den Wellen zu kämpfen.
Aber als es Morgen wurde, kam Jesus zu ihnen,
seine Füße berührten das Wasser,
die Schüler sahen ihn kommen;
wie er da ging, Schrecken ergriff sie:
„Das ist ein Geist!", und sie schrien vor Angst.
Er aber sagte zu ihnen:
„Seid ruhig, ich bin es, habt keine Furcht!"

„Wenn du es bist, Herr", antwortete Petrus,
„dann laß mich zu dir kommen, über das Wasser!"
„Komm, Petrus", sagte Jesus,
und Petrus stieg aus dem Boot
und ging über das Wasser zu Jesus;
aber als er merkte, wie stark der Wind war,
überkam ihn die Furcht und er schrie:
„Rette mich, Herr!"
Da streckte Jesus die Hand aus, packte ihn und sagte:
„Warum hast du gezweifelt?
Wie klein dein Glaube doch ist!"
Sie stiegen ins Boot, der Wind ließ nach,
und die Menschen im Schiff knieten nieder und sagten:
„Es ist wahr: Ja, du bist Gottes Sohn."

Dann fuhren sie zum anderen Ufer
und kamen vor Genezareth an Land.
Als die Menschen Jesus erkannten,
schickten sie Boten aus, in die ganze Umgebung,
brachten alle Kranken zu ihm und baten ihn,
den Saum seines Mantels berühren zu dürfen,
und alle, die den Mantel berührten, wurden gesund.

Als Jesus auf dem Weg nach Jerusalem,
in die Berge hinauf,
mit seinen Schülern allein war,
sagte er zu ihnen:
„Gebt acht, wir gehen nach Jerusalem –
dort wird der Menschensohn
den Großen Priestern und Schriftauslegern
in die Hände fallen:
Die werden ihn zum Tode verurteilen,
ihn den Heiden ausliefern und zu ihnen sagen:
‚Lacht ihn aus! Peitscht ihn! Schlagt ihn ans Kreuz!'
Aber am dritten Tag wird er auferweckt werden."

Da kam die Frau des Zebedäus mit ihren Söhnen zu ihm,
fiel auf die Knie und flehte ihn an.
„Was willst du?", fragte Jesus,
und die Frau antwortete ihm:
„Hier meine beiden Söhne!
Laß sie in deinem Reich neben dir sitzen –
den einen zur Rechten, den andern zur Linken!"
Aber Jesus sagte:
„Ihr wißt nicht, worum ihr bittet.

Könnt ihr den Becher trinken, den ich trinken muß?"
„Wir können es", sagten die Brüder,
und Jesus antwortete ihnen:
„Ihr werdet ihn trinken.
Doch zu bestimmen, wer zu meiner Rechten
und zu meiner Linken sitzen wird, steht mir nicht zu;
denn das wird jenen gewährt,
die mein Vater auserwählt hat:
Sie sind schon bereit."

Als die zehn anderen Schüler das hörten,
wurden sie ärgerlich über die Brüder,
aber Jesus rief sie zu sich und sagte:
„Ihr wißt, die Herrscher unterjochen die Völker
und die Großen der Erde mißbrauchen die Macht
über die Menschen. Nicht so bei euch!
Wer unter euch mächtig sein will, sei euer Diener,
und wer der Erste sein möchte, sei euer Knecht.
Denn auch der Menschensohn ist nicht als Herr,
sondern als Diener gekommen
und gibt sein Leben als Lösegeld hin,
damit viele losgekauft werden."

Als sie Jericho verließen
und die Scharen von Menschen ihm folgten,
saßen zwei Blinde am Weg:
Die schrien, als sie hörten, daß Jesus vorbeiging:
„Herr! Sohn Davids! Hab Erbarmen mit uns!"
Aber die Menschen wurden zornig
und befahlen ihnen zu schweigen.
Da schrien die beiden noch lauter:
„Herr! Sohn Davids! Hab Erbarmen mit uns!",
und Jesus blieb stehen,
rief die beiden zu sich und fragte:
„Was soll ich tun? Was wollt ihr von mir?"
Sie sagten: „Wir wollen,
daß unsere Augen sich öffnen",
und Jesus hatte Mitleid und berührte die Augen:
Da blickten die Blinden auf und folgten ihm nach.

Als sie in die Nähe von Jerusalem kamen,
nach Bethphage am Ölberg,
schickte Jesus zwei seiner Schüler voraus
und sagte zu ihnen:
„Das Dorf dort! Wenn ihr hineingeht,
werdet ihr angepflockt eine Eselin finden
und bei ihr ein Füllen:
Die bindet los und bringt sie zu mir,
und wenn jemand euch anspricht, erklärt ihm:
Der Herr braucht sie und bringt sie zurück."
Dies geschah,
damit sich das Wort des Propheten erfüllte:

Sagt Zion, der Tochter:
Sieh, dein König kommt zu dir.
Er ist freundlich
und reitet auf einem Lasttier,
der Eselin und ihrem Füllen.

Da gingen die Schüler fort und taten,
was er ihnen gesagt hatte;
sie brachten die Eselin und das Füllen,
und Jesus setzte sich auf die Kleider,
die sie über die Tiere gelegt hatten.

Die Menschen breiteten Gewänder auf die Straße,
schnitten Zweige von den Bäumen,
streuten sie auf den Weg, einige liefen voraus,
andere folgten dem Zug,
und die Menge begann zu schreien und rief:
„Hosianna dem Sohn Davids.
Gepriesen sei, der im Namen des Herrn kommt.
Hosianna in den Höhen der Himmel!"

Jesus aber ging in den Tempel,
verjagte die Händler und Käufer
und trieb sie alle hinaus.
Dann stieß er die Tische der Geldwechsler um
und zertrümmerte die Stände der Taubenverkäufer:
„Es ist geschrieben worden",
rief er aus:
„Mein Haus soll heißen: Haus des Gebets.
Ihr aber habt daraus eine Räuberhöhle gemacht.
Ein Versteck für die Beute!"

Da kamen die Blinden und Lahmen in den Tempel zu ihm,
und er heilte sie alle.

Doch als die Großen Priester und Schriftausleger sahen,
welche Wunder er tat
und als sie die Kinder schreien hörten im Tempel,
„Hosianna dem Sohn Davids", wurden sie zornig:
„Hörst du nicht, was sie da rufen?"
Doch Jesus antwortete ihnen:
„Ich höre es gut –
ihr aber, habt ihr das Wort nicht gelesen:
Es war dein Wille,
daß der Mund der Kinder:
Lallen und Schreien
dich preist."
Dann ließ er sie stehen und ging aus der Stadt hinaus,
nach Bethanien; dort blieb er während der Nacht.

Als er am anderen Morgen in die Stadt zurückkehrte,
hatte er Hunger.
Da sah er einen Feigenbaum am Weg,
einen einzelnen Baum, und ging auf ihn zu:
aber er fand nur Blätter an ihm.

Da sagte er zu dem Baum:
„Dann sollst du in Ewigkeit früchtelos bleiben!",
und der Baum vertrocknete
und wurde im gleichen Augenblick dürr.
Als die Schüler das sahen, ergriff sie Erstaunen:
„Wie konnte der Feigenbaum so plötzlich verdorren?"
Jesus antwortete ihnen:
„Ich sage euch, und das ist wahr,
wenn euer Glaube fest ist und ihr nicht zweifelt,
könnt ihr nicht nur den Feigenbaum dürr werden lassen,
sondern auch diesem Berg hier befehlen:
‚Auf! Stürz dich ins Wasser!' und es wird geschehen.
Alles, was ihr im Gebet erfleht,
werdet ihr erhalten, wenn ihr nur glaubt."

Als Jesus in den Tempel ging und zu lehren begann,
kamen die Großen Priester und Mächtigen zu ihm
und fragten:
„Mit welchem Recht tust du dies?
Wer hat dir Vollmacht gegeben?"

51

Jesus antwortete ihnen:
„Auch ich habe eine Frage an euch;
wenn ihr mir antworten könnt, will ich sagen,
wer mir die Vollmacht gab, so zu handeln:
Johannes' Taufe – war sie von Gott oder den Menschen?"
Da überlegten sie untereinander:
„Wenn wir sagen ,von Gott', wird er fragen:
,Warum habt ihr ihm dann nicht geglaubt?',
und wenn wir ,von den Menschen' sagen – dann wehe uns:
Das ganze Volk wird uns bedrohen,
denn es hält Johannes für einen Propheten!"
Darum sagten sie zu Jesus: „Wir wissen es nicht",
und er antwortete ihnen:
„Dann sage auch ich nicht, wer mir die Vollmacht gab,
so zu handeln.
Was aber meint ihr zu dieser Geschichte?

Es war einmal ein Mann, der hatte zwei Söhne
und sagte zum ersten:
,Mein Sohn, geh und arbeite heute im Weinberg.'
Der Sohn antwortete: ,Ja, Herr.' Aber er ging nicht.

Da bat der Vater auch den zweiten Sohn:
‚Geh, arbeite heute im Weinberg.‘
Der Sohn antwortete: ‚Nein, Herr.‘
Aber später ergriff ihn die Reue, und da ging er hin.
Wer von den beiden hat dem Vater gehorcht?"
Sie sagten: „Der zweite", und Jesus antwortete ihnen:

„Ich sage euch, und das ist wahr,
Zöllner und Huren – Habgierige! Schamlose! –
kommen eher ins Reich Gottes als ihr.
Johannes kam und zeigte euch den rechten Weg;
ihr aber habt ihm nicht geglaubt . . .
geglaubt haben ihm nur die Zöllner und Huren.
Alles lag offen zutage, und doch
seid ihr nicht umgekehrt und habt ihm geglaubt."

Jesus aber ging weiter
und kam mit seinen Schülern zu einem Stück Land,
das Gethsemane heißt:
„Dort will ich beten", sagte er zu seinen Schülern,
„bleibt hier und wartet auf mich."

Dann nahm er Petrus und die beiden Söhne des Zebedäus
mit sich: Traurigkeit hatte ihn ergriffen
und er war in großer Angst.
„Meine Seele ist betrübt", sagte er,
„und das Herz will mir brechen.
Wartet hier und wacht mit mir zusammen."
Er ging ein wenig weiter, fiel nieder,
legte sein Gesicht auf die Erde und betete:
„Mein Vater, wenn es möglich ist,
laß den Becher an mir vorbeigehen.
Doch nicht wie ich will, sondern wie du willst,
soll es geschehen!"
Dann ging er zu seinen Schülern zurück
und fand sie schlafend: „Petrus!", sagte er,
„nicht eine einzige Stunde konntet ihr mit mir wachen?
Steht auf und betet, damit ihr der Versuchung entgeht!
Denn der Geist ist bereit,
aber der Leib hat keine Kraft."

Dann ging er wiederum fort und betete:
„Mein Vater,
wenn dieser Becher nicht vorbeigehen kann,
und ich ihn austrinken muß,
dann soll dein Wille geschehen."

Darauf ging er abermals zu seinen Schülern zurück,
und wieder fand er sie schlafend:
Ihre Augenlider waren schwer.
Da verließ Jesus sie zum dritten Mal
und sprach das gleiche Gebet wie zuvor.
Dann kehrte er zu seinen Schülern zurück.
„Schlaftrunkene", sagte er, „wie ruhig ihr seid:
und die Stunde ist da!
Der Menschensohn wird ausgeliefert,
die Gottlosen fassen ihn an.
Kommt, steht auf!
Seht: Schon ist er da, der mich ausliefern wird."

Und während er noch sprach, kam Judas,
einer seiner zwölf Schüler,
mit einer großen Menschenmenge,
die von den Großen Priestern und Mächtigen
ausgesandt worden war,
bewaffnet mit Schwertern und Knüppeln.
Judas, der ihn auslieferte,
hatte ein Zeichen mit ihnen verabredet und sagte:
„Wen ich küssen werde: der ist es! Den nehmt gefangen!"
Dann ging er auf Jesus zu, sagte:
„Sei gegrüßt, Rabbi!" und küßte ihn.

Jesus antwortete ihm:
„Du bist mein Schüler: Tu, wozu du gekommen bist."
Dann traten die Männer vor, ergriffen ihn
und nahmen ihn fest.
Einer von seinen Begleitern aber zückte das Schwert,
schlug auf den Knecht des Großen Priesters ein
und hieb ihm das Ohr ab.
„Steck dein Schwert wieder ein",
sagte Jesus zu ihm,
„denn alle, die zum Schwert greifen,
werden durch das Schwert fallen.
Oder meinst du, mein Vater hülfe mir nicht,
wenn ich ihn riefe?
Mehr als zwölf Legionen Engel würde er schicken!
Es muß geschehen:
Sonst wird sich die Schrift nicht erfüllen."
Dann sagte er zu den Männern, die ihn umringten:
„Mit Schwertern und Knüppeln!
Ausgeschwärmt, als gälte es, einen Räuber zu fassen!
Bin ich ein Räuber?
Saß ich nicht Tag für Tag bei euch im Tempel und lehrte –
und niemand von euch hat mir etwas getan?
Aber dies alles ist geschehen,
damit sich die Schriften der Propheten erfüllen."

Dann wurde er in Fesseln
zum Großen Priester Kaiphas gebracht,
wo sich die Schriftausleger und Mächtigen versammelten;
seine Schüler aber ließen ihn allein und liefen davon.
Nur Petrus folgte ihm, von weitem,
bis zum Hof des Großen Priesters
und setzte sich dort unter die Knechte,
denn er wollte sehen, wie es ausgehen würde.

Weil die Großen Priester und der Hohe Rat
Jesus zum Tode verurteilen wollten,
suchten sie nach falschen Aussagen,
die gegen ihn sprachen;
doch obgleich viele Lügenzungen auftraten,
fanden sie keine Schuld, die die Todesstrafe verdiente.
Zuletzt aber kamen zwei Männer und sagten:
„Er hat behauptet: Es steht in meiner Macht,
Gottes Tempel niederzureißen
und ihn in drei Tagen wieder aufzubauen!"
Da stand der Große Priester auf und sagte zu Jesus:
„Sie beschuldigen dich! Willst du nicht antworten?"

Doch Jesus schwieg, und der Große Priester sagte zu ihm:
„Beim lebendigen Gott! Ich beschwöre dich: Sag uns:
Bist du der Messias, Gottes Sohn?"
Jesus antwortete ihm: „Das hast du gesagt.
Ich aber sage euch, ihr werdet sehen:
Von nun an sitzt der Menschensohn zur Rechten Gottes,
der die Macht hat,
und kommt auf den Wolken des Himmels."
Da zerriß der Große Priester sein Gewand und sagte:
„Nun brauchen wir keine Zeugen mehr:
das war Gotteslästerung! Ihr habt es alle gehört,
sagt, worauf ihr erkennt!"
„Schuldig", sagten sie, „er soll sterben!"

Jesus aber wurde zum Statthalter gebracht,
und als er vor ihm stand, fragte Pilatus ihn:
„Du da! Bist du der König der Juden?"
Jesus antwortete ihm: „Du sagst es."
Dann schwieg er, und als die Großen Priester
und Mächtigen ihn beschuldigten,
entgegnete er ihnen nicht.
Da fragte Pilatus:
„Hörst du nicht, was hier gegen dich spricht?"
Aber so sehr es den Statthalter auch wunderte –
Jesus schwieg und sagte kein einziges Wort mehr zu ihm.

Der Statthalter hatte die Gewohnheit,
jeweils zum Passahfest einen Gefangenen zu begnadigen,
den sich das Volk aussuchen durfte;
und da in diesen Tagen ein Mann mit Namen Barrabas
im Gefängnis war, den jedermann kannte,
rief Pilatus das Volk zusammen und fragte:
„Wen soll ich euch freilassen:
Barrabas oder Jesus, der ‚der Messias' genannt wird?"
Denn er wußte, daß sie Jesus nur aus Haß und Mißgunst
ausgeliefert hatten.

Während Pilatus, auf dem Stuhl des Richters,
mit der Verhandlung begann,
schickte seine Frau einen Boten zu ihm,
um ihn zu warnen: „Faß diesen Menschen nicht an,
er ist schuldlos: Ich habe heute nacht um seinetwillen
im Traum viel gelitten."
Aber die Großen Priester und Mächtigen
überredeten das Volk:
„Fordert, daß er Barrabas freigibt
und Jesus hinrichten läßt!",
und als der Statthalter fragte:
„Welchen von den beiden soll ich begnadigen?"
riefen sie: „Barrabas!"
Pilatus fragte: „Und Jesus, der ,der Messias'
genannt wird – wohin mit ihm?"
Da schrien sie alle: „Ans Kreuz!"
Pilatus fragte: „Warum? Was hat er Böses getan?"
Da riefen sie noch lauter und brüllten: „Ans Kreuz!"

Als Pilatus sah, daß er nichts mehr ausrichten konnte
– der Lärm schwoll immer mehr an,
und die Unruhe wuchs –,
nahm er Wasser, wusch im Angesicht des Volkes
seine Hände und sagte:
„Kein Blut ist an ihnen, von diesem Mann!
Ihr aber: seht nun selber zu!"
Da antwortete ihm das ganze Volk, und alle sagten:
„Sein Blut komme über uns und über unsere Kinder!"
Darauf gab er ihnen Barrabas frei,
Jesus aber ließ er peitschen und zur Kreuzigung führen.
Dann brachten ihn Pilatus' Soldaten
zum Palast des Statthalters, wo auch die Kasernen waren
und zogen dort die ganze Mannschaft zusammen:
Denn sie wollten ihn quälen.
Sie nahmen ihm die Kleider weg,
hängten ihm einen ihrer roten Mäntel um,
setzten ihm einen Dornenkranz auf
– geflochten aus Distelgestrüpp –,
legten einen Rohrstock in seine Rechte,
fielen vor ihm auf die Knie und verspotteten ihn:
„Heil dir", riefen sie lachend, „König der Juden."

Dann spuckten sie ihn an,
nahmen ihm den Stock aus der Hand,
schlugen ihn damit auf den Kopf,
und schließlich
zogen sie ihm den Soldatenmantel wieder aus,
gaben ihm die eigenen Kleider zurück
und führten ihn hinaus zur Kreuzigungsstätte.
Auf dem Marsch dorthin kam ihnen ein Mann aus Kyrene,
mit Namen Simon, in den Weg: Den zwangen sie
– denn sie waren die Herren im Land –,
das Kreuz aufzuheben und es für Jesus zu tragen.

Dann zogen sie weiter und kamen zu einem Ort,
der Golgatha heißt,
das bedeutet: Ort des Totenkopfs.
Dort gaben sie ihm Wein zu trinken,
der mit Galle vermischt worden war,
aber Jesus kostete nur mit der Zunge davon:
trinken wollte er nicht.
Nachdem sie ihn gekreuzigt hatten,
verlosten sie seine Kleider untereinander,
ließen sich nieder, und hielten Wache.

Über seinem Haupt aber hatten sie eine Tafel befestigt,
auf der seine Schuld stand:
Dies ist Jesus, der König der Juden.
Und neben ihm – der eine zur Rechten,
der andere zur Linken – hingen zwei Räuber,
die sie zusammen mit ihm hatten kreuzigen lassen.

Die Menschen kamen und gingen, sie schlenderten vorbei,
schüttelten den Kopf, verspotteten ihn
und riefen ihm zu: „Hilf dir doch selbst,
wenn du Gottes Sohn bist;
du reißt ja auch den Tempel ab
und baust ihn in drei Tagen wieder auf!
Komm, steig herunter vom Kreuz!"
Auch die Großen Priester, die Mächtigen
und Schriftausleger verspotteten ihn:
„Andere hast du gerettet,
aber dich selbst rettest du nicht!
Komm herunter vom Kreuz, König von Israel,
und wir glauben an dich!
Er hat auf Gott vertraut,
er hat gesagt, er sei sein Sohn:
Mag Gott ihn doch retten, wenn er ihn will!"

So verhöhnten ihn alle, selbst die beiden Räuber,
die mit ihm gekreuzigt waren, lachten ihn aus.
Um die sechste Stunde aber breitete sich
über dem ganzen Land eine Finsternis aus
und blieb bis zur neunten:
Das war die Stunde, als Jesus zu schreien begann.
„Eli, eli, lema sabachthani", rief er,
und seine Stimme war laut –
das heißt: „Mein Gott! Mein Gott!
Warum hast du mich allein gelassen?"
Einige, in der Nähe, hörten den Schrei:
„Er ruft nach Elia",
und schon lief einer von ihnen hinzu,
ergriff einen Schwamm, tauchte ihn in Essig,
steckte ihn auf einen Rohrstock
und wollte Jesus zu trinken geben.
Doch die anderen riefen: „Laß das! Hilf ihm nicht!
Wir wollen sehen, ob Elia kommt und ihn rettet."
Jesus aber schrie laut auf und starb.

Da riß der Vorhang im Tempel von oben bis unten entzwei,
die Erde bebte, die Felsen zerbarsten in Stücke,
die Gräber öffneten sich,
und die Frommen waren nicht länger mehr tot:
sie erwachten aus ihrem Schlaf und kamen,
als Jesus erweckt worden war,
aus den Gräbern hervor, gingen in die heilige Stadt
und wurden von vielen gesehen.
Als der Hauptmann und seine Wachsoldaten
das Erdbeben sahen – und alles, was hier geschah! –
erschraken sie sehr und riefen:
„Es ist wahr! Dieser Mann war Gottes Sohn!"
Und auch viele Frauen standen dabei,
die aus der Ferne alles mitangesehen hatten.
Sie waren Jesus von Galiläa her gefolgt,
um für ihn zu sorgen: Maria aus Magdala
und Maria, die Mutter von Jakobus und Joseph;
die Mutter der Söhne des Zebedäus
und die anderen Frauen.

Dann wurde es Abend und die Nacht brach an:
Da kam Joseph aus Arimathia – ein reicher Mann,
der Jesus' Schüler geworden war –,
ging zu Pilatus und bat ihn: „Gib mir den Toten!";
und als Pilatus befohlen hatte: „Gebt ihn heraus!",
nahm Joseph den Leichnam, hüllte ihn in sauberes Leinen
und legte ihn in sein eigenes Grab – eine Kammer,
die er aus den Felsen hatte herausschlagen lassen.
Dann wälzte er einen großen Stein vor die Höhle
und ging davon;
Maria aus Magdala aber und die andere Maria
blieben dort und setzten sich vor das Grab.

Am nächsten Tag, es war Sabbatmorgen,
gingen die Großen Priester und Pharisäer gemeinsam
zu Pilatus und versammelten sich in seinem Palast.
„Herr, uns ist eingefallen", sagten sie,
„daß dieser Betrüger, als er noch lebte, gesagt hat:
‚Nach drei Tagen werde ich wieder erwachen.'
Gib also Befehl, daß das Grab bis zum dritten Tage
so sicher bewacht wird, daß niemand herankommen kann –
sonst werden seine Schüler ihn stehlen
und dem Volk erzählen:
‚Er ist auferweckt von den Toten'
und das wäre ein noch schlimmerer Betrug als der erste!"

Pilatus antwortete ihnen: „Ihr sollt eure Wache haben.
Geht jetzt und laßt das Grab abriegeln,
so gut ihr nur könnt."
Da gingen sie fort und sicherten das Grab:
Der Stein wurde versiegelt
und vor der Höhle blieb eine Wache zurück.

Als es am Tag nach dem Sabbat zu dämmern begann,
gingen Maria aus Magdala und die andere Maria zum Grab,
um nach dem Rechten zu sehen.

Da begann die Erde plötzlich zu beben,
ein Engel des Herrn kam vom Himmel herab,
näher und näher,
ging zum Grab, wälzte den Stein fort,
sprang auf den Stein,
war wie ein Blitz und leuchtete hell wie der Schnee.
Und die Wächter: zitternd vor Angst!
Kaum bei Sinnen! Wie tot!

Der Engel aber sah die Frauen an und sagte:
„Habt ihr keine Angst!
Ich weiß, daß ihr den Gekreuzigten sucht.
Aber Jesus ist nicht hier:
er ist auferweckt worden, wie er gesagt hat.
Seht her! Dies ist die Stelle, wo er lag!
Und nun eilt euch, geht zu seinen Schülern
und sagt ihnen: ‚Er ist von den Toten auferweckt worden
und geht euch voraus. In Galiläa werdet ihr ihn sehen.‘
Ich habe es gesagt, und es ist wahr.“

Da überfiel sie Furcht und große Freude,
und sie liefen davon, fort vom Grab,
um seinen Schülern alles zu sagen.

Und dann, plötzlich, sahen sie Jesus:
Er stand vor ihnen, kam ihnen entgegen und sagte:
„Seid gegrüßt, an diesem Morgen!"
Sie gingen zu ihm hin, fielen nieder,
berührten seine Füße und beteten ihn an.
Da sagte Jesus: „Habt keine Furcht!
Geht, und sagt meinen Brüdern,
sie sollen nach Galiläa kommen: Dort sehen sie mich."

Als die Frauen noch auf dem Weg waren,
kamen einige von den Soldaten in die Stadt,
die das Grab bewacht hatten,
und meldeten den Großen Priestern, was geschehen war.
Die Großen Priester aber
gingen mit den Mächtigen zu Rat,
und am Ende beschlossen sie gemeinsam,
die Soldaten zu bestechen.

Sie gaben ihnen Geld – viel Geld, damit sie schwiegen! –
und sprachen ihnen vor, was sie nachreden sollten:
„In der Nacht sind seine Schüler gekommen
und haben ihn gestohlen, während wir schliefen."
„Sollte dies zu Ohren des Statthalters kommen",
sagten die Großen Priester und Mächtigen
zu den Soldaten, „dann werden wir mit ihm reden.
Ihr könnt ganz unbesorgt sein: Wir richten es schon."
Da nahmen die Soldaten das Geld und erzählten,
was ihnen gesagt worden war:
Darum ist das Gerücht, man habe den Leichnam gestohlen,
bei den Juden bis in unsere Tage verbreitet.

Die elf Schüler aber zogen nach Galiläa:
zu dem Berg, von dem er gesagt hatte:
„Dorthin sollt ihr gehen", und als sie Jesus sahen,
fielen sie vor ihm nieder,
doch einige zögerten auch und hatten noch Zweifel.
Aber Jesus trat auf sie zu, begann mit ihnen zu reden
und sprach:

„Gegeben wurde mir:
die Große Macht,
im Himmel und auf der Erde.
Darum laßt alle Völker
meine Schüler sein!
Tauft sie auf den Namen des Vaters,
des Sohnes und des heiligen Geistes!
Und lehrt sie zu halten:
Alles, was ich euch auftrug.
Seht! Ich bin bei euch,
jeden Tag,
bis diese Zeit vollendet ist."

Der Evangelist Matthäus lenkt in seiner Überlieferung
der letzten großen Jüngerrede Jesu
im 24. Kapitel den Blick in die Zukunft:

Aufstehen wird
Volk gegen Volk
und Reich gegen Reich.
Es wird Hungersnot kommen,
Erdbeben ziehen umher,
und dies ist nur der Anfang der Wehen.
Man wird euch verfolgen und töten.
Verhaßt werdet ihr sein:
Verhaßt um meines Namens willen
bei allen.
Viele kommen zu Fall
und werden sich hassen
und einander verraten.

Aufstehen werden, in Scharen, die Lügenpropheten
und viele verführen.
Gottlosigkeit breitet sich aus
und die Liebe unter euch wird kalt.
Doch ist gerettet,
wer standhaft bleibt
bis zum Ende.
Verkündet wird der ganzen Welt,
ein Zeugnis für alle Völker,
die Botschaft vom Reich.
Und dann kommt das Ende.

Wenn ihr die Greuelzeichen seht,
die den Tempel entweihen – die Schreckensmale,
von denen der Prophet Daniel spricht:
Denke nach, wer es liest! –,
dann, ihr in Judäa, flieht in die Berge!
Wer auf dem Dach ist,
steig nicht hinunter
um seine Habe zu bergen.
Wer auf dem Feld ist,
gehe nicht heim
um seinen Mantel zu holen.

Wehe den Schwangeren
in diesen Tagen,
wehe den stillenden Müttern!
Betet, daß ihr nicht im Winter fliehen müßt
oder am Sabbat.
O schwere Not!
Not, wie sie größer nicht war
vom Anfang der Welt
bis zum heutigen Tag
und größer nicht sein wird.
Niemand könnte sich retten,
würde die Zeit nicht gestutzt
und, um der Auserwählten willen,
abgekürzt.
Wenn aber einer sagen wird:
„Schau, der Messias ist hier!"
oder : „Dort! Der Gesalbte!" –
Glaubt es ihm nicht!
Denn es werden falsche Erlöser
und Lügenpropheten auftreten,
große Zeichen und Wunder vollbringen
und, wenn sie könnten,
selbst die Erwählten verführen.

Bedenkt, was ich vorhergesagt habe,
und seid gewarnt!
Geht nicht hinaus, wenn sie sagen:
„Er ist in der Wüste!"
Glaubt ihnen nicht, wenn sie sagen:
„Er ist drinnen im Haus!"
Ein Blitz im Osten,
der den Westen leuchten läßt:
So wird die Ankunft des Menschensohns sein.
Die Adler schwärmen aus,
wenn einer fällt:
und wo das Aas ist,
sind auch die Geier.

Gleich nach dem Grauen jener Tage
wird sich die Sonne verfinstern
und der Mond nicht mehr leuchten.
Die Sterne fallen herab,
die Himmelsmächte beginnen zu zittern
und das Zeichen des Menschensohns
wird am Himmel erscheinen:

Ein Seufzen unter den Völkern, wenn sie ihn sehen,
in seiner Macht und seinem Glanz,
und er auf Wolken kommt!
Mit Trompetenstößen wird er die Engel aussenden,
in die vier Winde, um seine Erwählten
von den Grenzen der Himmel zu sammeln.
Nehmt den Feigenbaum als Beispiel:
Wenn seine Zweige saftig werden
und die Knospen Blätter treiben,
dann erkennt ihr daran: Der Sommer ist nah.
Und genauso sollt ihr wissen, wenn ihr das alles seht:
Das Ende ist nah. Es steht vor der Tür.

Ich sage euch, und das ist wahr:
Dieses Geschlecht wird nicht vergehen,
bevor dies alles geschieht.
Himmel und Erde werden vergehen.
Meine Worte vergehen nicht.
Doch niemand kennt den Tag und die Stunde,
nicht einmal, in den Himmeln, die Engel,
und nicht einmal der Sohn: Nur der Vater allein.

Wenn der Menschensohn kommt, wird es sein,
wie es zu Noahs Zeit war in den Tagen der Sturmflut,
als Noah in die Arche stieg:
Sie aßen, tranken und heirateten – und ahnten nichts,
bis die Flut kam und alle hinwegriß.

Zwei Männer werden auf dem Acker sein.
Einer wird mitgenommen.
Einer wird liegengelassen.
Zwei Frauen werden in der Mühle sein.
Eine wird mitgenommen.
Eine wird liegengelassen.
So wird es sein,
wenn der Menschensohn kommt.

Darum seid wachsam,
denn euer Herr wird kommen,
doch ihr kennt nicht den Tag.

„. . . der Wille,
Wort und Bild so lange
und so aneinanderzureihen,
bis unser Kreis geschlossen;
denn daran hält sich unsere Hoffnung:
auf den vielen Stationen dieses Kreisumfanges
fände vielleicht der Einzelne
den Anfang seines Weges zum Mittelpunkt,
der uns allen gemeinsam war.“

HAP Grieshaber
Aus einer 1935 veröffentlichten Flugschrift

HAP Grieshaber   Ein Nachwort

Im Jahre 1977 wurden meine getuschten Holzschnitte
„Reutlinger Passion", von denen 18 Blätter
in diesem Buch wiedergegeben werden, zum erstenmal
einer größeren Öffentlichkeit im Rahmen
der Ausstellung „Schauplatz Deutschland – Die Dreißiger
Jahre" in München, Essen und Zürich bekannt.

Entstanden sind die Holzschnitte 1935. Damals war ich
26 Jahre alt und erst zwei Jahre zuvor von einem
längeren Aufenthalt im Vorderen Orient, in Ägypten und
in Griechenland nach Reutlingen zurückgekehrt.
Wer kann sich vorstellen, wie es in jener Zeit in
Deutschland wirklich gewesen ist? Die Betroffenen?
Ich jedenfalls vermag das, was mich bewegte,
als ich diese Passion schnitt, nicht wieder zu beleben.
Im Dezember 1935 schrieb mir –
warnend oder drohend? – ein ehemaliger Schulkamerad:

„Ihre Passion erhielt ich heute.
Es wird mir schwer, Ihnen das folgende zu schreiben.
Verstehen Sie mich richtig!

Daß es eine runde Leistung ist, wissen Sie selbst,
ebenso, daß Sie den Weg, der bei Greco begann,
bis zu Ende gegangen sind, obwohl er dort schon zu
Ende schien. Aber ich bitte Sie,
diese Blätter niemand zu zeigen. Einmal sind sie
für jeden vollkommen unfaßbar, ja selbst der Wille,
sie zu erfassen, wird bei jedem, der Ihnen
nicht persönlich wohlwill, beim Anblick sofort schweigen.

Das scheint anmaßend zu sein, aber es ist unbedingt
so. Aber nicht genug, daß man sie als Verwirrung
ansähe, würde man sie zumeist als bewußte Provokation
nehmen, und damit gäbe es einen ‚Fall'.
Und das beträfe dann nicht nur Sie . . .

Irgendwelche Wirkung oder Hilfe
hätten Sie dabei von keiner Seite zu erwarten.
Der wirkliche Inhalt ist in diesen Blättern
unlösbar eingeschlossen
(vielleicht der Fluch des Abstrakten überhaupt),
und sie wirken nur als Explosivstoff.

Sie sind ein Alchimist.
Mehr zu schreiben ist mir unmöglich. Aber
nehmen Sie bitte keines dieser Worte als übertrieben."

Die Druckstöcke meiner Holzschnitte wurden
im Dritten Reich vernichtet. Geblieben sind nur wenige
Abzüge. In Buchform erscheinen sie jetzt nach
mehr als vierzig Jahren zum ersten Male.
Im Jahr ihres Entstehens
setzte ich einer Druckschrift von mir
als Motto einen Satz von Arthur Schopenhauer voran,
der mir damals wie heute wichtig ist:
„Die Thaten und Handlungsweisen des Einzelnen und
eines Volkes können durch Dogmen,
Beispiel und Gewohnheit sehr modifiziert werden.
Aber an sich sind alle Thaten bloß
leere Bilder, und allein die Gesinnung,
welche zu ihnen leitet,
giebt ihnen moralische Bedeutsamkeit."

Nachbemerkung des Verlages

Die neutestamentlichen Texte sind in diesem Buch
in der Übersetzung von Walter Jens wiedergegeben,
die – nach dem Urteil von Hans Küng –
„das ursprüngliche Wort in sachlichem Pathos
unvergleichlich leuchten läßt".
Seine Gesamtübertragung des Matthäus-Evangeliums
ist erstmals 1972 unter dem Titel
„Am Anfang der Stall – am Ende der Galgen:
Jesus von Nazareth" erschienen.
Außerdem veröffentlichte Walter Jens im Kreuz Verlag
das Buch „Der Fall Judas". Die Übersetzung der
Weihnachtsgeschichte aus dem Lukas-Evangelium
war bisher nur in einem nicht in den Handel
gelangten Verlagsgruß aus dem Jahre 1971 zu lesen.
Die Auswahl und Zusammenstellung
der Texte aus Matthäus und Lukas erfolgte
im Einvernehmen mit Walter Jens.
Auf die Angabe der Bibelstellen im Text selbst
wurde verzichtet,
um den syntaktischen und typographischen
Zusammenhang nicht zu unterbrechen; das folgende
Verzeichnis ermöglicht jedoch
das Auffinden der ausgewählten biblischen Texte.

95

2. Auflage (6.-7. Tausend) 1979
Die 1. Auflage dieses Werkes (1.-5. Tausend) ist 1978 erschienen.
Copyright by Kreuz Verlag Stuttgart 1978. – ISBN 3 7831 0539 0

Die typographische Gestaltung besorgte Hans Hug.
Die Reproduktionen der Farbtafeln erfolgten durch Reproservice Wolfgang Gölz, Ludwigsburg.
Den Satz in der leichten Lightline-Gothic lieferte die Firma Steffen Hahn, Kornwestheim.
Die Druck- und Bindearbeiten wurden von der Druckerei Wilhelm Röck, Weinsberg ausgeführt.